¡GOZO!

CELEBREMOS LA NAVIDAD

DRA. KEILA M. DE LA ROSA

¡GOZO EN LA TIERRA! CELEBREMOS LA NAVIDAD
Copyright © 2019, Keila M. De La Rosa.
Todos los derechos reservados
Publicado por Editorial Miel
Buford, GA 30518
www.laembajadadegracia.com

Todos los derechos reservados. Excepto por breves citaciones en material escrito, ninguna parte de este libro puede ser reproducida, almacenada en ningún sistema de recuperación o transmitida de ninguna forma (impreso, escrito, fotocopiado, visual, electrónico, en audio o ningún otro modo) sin el permiso escrito del autor.

Amenos que se indique lo contrario, todas las citas bíblicas fueron tomadas de la versión *Reina-Valera 1960 (RVR1960).*

Para contacto escriba a:
Keila M. De La Rosa
wedglomi@gmai.com

Publicado originalmente en ingles bajo el título:
JOY TO THE WORLD! LET'S CELEBRATE CHRISTMAS

ISBN-10: 1981899820

ISBN-13: 978-1981899821

Primera Impresión — noviembre 2019

Cubierta de portada por José De La Rosa

Editado por Keila M. De La Rosa

Corregido por Daniel Medina y Damaris E. Medina

Impreso en los Estados Unidos de América

Los nombres de Dios el Padre, Dios el Hijo, y Dios el Espíritu Santo están en letras mayúsculas, así también como los pronombres asociados a Dios, tales como: *Su, Él, Ti, Tu, Quien*.

Otras palabras usadas por la autora para referirse a la Biblia son la palabra de Dios, la Palabra, las Sagradas Escrituras, las Escrituras.

A través del libro la autora usa letras *itálicas* y **negritas** para enfatizar algunas palabras.

DEDICACION

A aquellos interesados en transmitir los valores cristianos a la próxima generación a través de una significativa celebración navideña.

RECONOCIMIENTOS

Quiero dar la más sincera gratitud al hombre que amo desde mi adolescencia, mi amado esposo, Dr. José De La Rosa por su inquebrantable amor, visión y motivación en el cumplimiento de mi llamado, y contribución en la publicación de este libro. A mi hija Keise, cuando naciste mi corazón fue completamente transformado, a mi hijo Joseph, mi vida fue completada al nacer tú, gracias a ambos por su amor y motivación, y por editar la versión en Inglés de este libro. A mis padres Damián Mercedes y Julia E. De León de Mercedes, por transmitirme el temor de Señor con sus palabras y ejemplo.

A mi hermana y cuñado Daniel y Damaris Medina, gracias por su aporte en la corrección de esta versión en español. A mi cuñada y hermano José Wilfredo y Taina Mercedes, a mi hermana y cuñado Tony Kelly y Yunet Lushen, a mi hermana y cuñado Carlos y Belkis Santana, y a mi primo y esposa Pedro y Raiza Williams, gracias mis amados por su apoyo, amor y oraciones. A mis sobrinos Josías, Edén, Gabriel, Miqueas, Abner, Abdiel, Isaac y Zach, y a mis sobrinas Tainel, Ester, Sarah, Enit, y Emily, ustedes son un regalo de Dios para esta familia.

TABLA DE CONTENIDOS

Prefacio 11

1 El Anuncio de Dios al Mundo 13

2 El Ataque del Herodes 23

3 Reconquistando la Alegría de la Navidad ... 39

4 La Navidad y el Espíritu del Anticristo 53

5 El Propósito de las Festividades 63

6 Como Celebrar la Navidad 77

Conclusión 99

Acerca de la Autora 101

Bibliografía 103

Prefacio

Si las historias de la Biblia son cartas de amor, la Navidad debe ser la primera cita. Quizás, esto es lo que la hace tan emocionante. Y es que en la primera Navidad Dios manifestó físicamente Su amor por nosotros, cuando el Verbo se hizo carne para abrazarnos.

Desde entonces, este evento ha sido recordado y celebrado en diferentes partes del mundo. Y aunque muchos todavía celebran la verdadera esencia de la Navidad, no podemos ignorar que hay un coordinado esfuerzo en nuestra sociedad para distorsionar su significado y aun terminar por completo su celebración.

Pero los cristianos ya no estamos pasivos ya que entendemos que el ataque contra nuestra fe va dirigido a nuestros hijos. Como padres, debemos motivarlos a que amen a Dios celebrando nuestras fiestas judeocristianas; especialmente, la Navidad. Por tanto, te invito a que juntos miremos hacia

Prefacio

Belén para contemplar la Navidad a través de los ojos de nuestro Redentor y Su plan de salvación, y no a través de la sociedad y sus cuentos de hadas.

CAPITULO 1

EL ANUNCIO DE DIOS AL MUNDO

Dios, habiendo hablado en el pasado muchas veces y de muchas maneras a los padres por medio de los profetas, ahora estaba listo para hablarnos a través de Su Hijo, Jesucristo. Los padres eran los ancianos de Israel a quienes Dios había dado mandamientos para que vivieran como una nación santa. Pero esos mandamientos eran solo el comienzo de Su plan de redención para toda la humanidad.

El Padre cuidó cada detalle del anuncio del nacimiento de Su Hijo, haciendo de este el primer evento en ser transmitido alrededor del mundo, en vino y a todo color. Él quería alcanzar a todos con Su mensaje. Así que, usando luces, ángeles, recitales y una impresionante estrella, Su mensaje llegó tanto a los pastores de Belén como a los sabios de Oriente. Nuestro Padre se estaba comunicando con aquellos de humilde corazón, sin importar su nación o su estatus social.

El Anuncio a los Pastores

Los pastores como de costumbre cuidaban sus ovejas durante la noche. Y mientras estaban en esta rutina, pasaron el susto de sus vidas cuando se les presentó un ángel del Señor y un gran resplandor los rodeó. El ángel estaba trayéndoles una noticia que cambiaría sus vidas y la del mundo entero para siempre. Y es que aquella memorable noche acababa de nacer en la ciudad de David un Salvador, que es Cristo el Señor, Quien salvaría a Su pueblo de su pecado (Lucas 2:8-11).

EL ANUNCIO DE DIOS AL MUNDO

¿Pero cómo iban los pastores a identificar al recién nacido? El ángel les dijo que hallarían al niño "envuelto en pañales." Pero, encontrar a un recién nacido envuelto en pañales era lo común. Sin embargo, había un detalle acerca del recién nacido que los pastores no podrían ignorar. Y es que aquel Bebe no se encontraba en la comodidad ni en el calor de una casa, sino en el frio y rústico ambiente de un pesebre. Esa era una señal inconfundible.

El Estatus del Reciente Nacido

De esta manera, la historia más bella de todas las edades empezaba a desarrollarse desde el lugar más humilde en que un niño pudiera nacer, un pesebre. Pero el lugar de nacimiento no determinaba el estatus del recién nacido. Por lo tanto, aun cuando el lugar era humilde, el anuncio de Su nacimiento fue lujoso.

Los Villancicos

Así que los pastores estaban a punto de recibir otra sorpresa de parte de Dios aquella noche. Y es que una multitud de las huestes celestiales se uniría al ángel que daba la noticia. Aquellos ángeles deben haber estado ensayando cómo recitar sus versos al unísono durante miles y miles de años. ¿Recuerdas cómo tus hijos practican sus poemas y villancicos? Este fue el origen de esa hermosa tradición. Fue inaugurada por Dios.

Los ángeles estaban listos para impresionar a su audiencia, quizás ansiosos por entrar en escena y empujándose unos a otros detrás del escenario como lo harían nuestros hijos…y de repente aparecieron en el claro cielo de Belem, diciendo: "¡Gloria a Dios en las alturas, Y en la tierra paz, ¡buena voluntad para con los hombres!" (Lucas 2:14). Este debe haber sido un espectáculo maravilloso.

Pero los ángeles no estaban catando, sino *diciendo* sus alabanzas. Y es que hay quienes creen que los ángeles no poseen la habilidad de cantar. Esto parece ser lo que vemos en Apocalipsis donde los veinticuatro ancianos—que se creen representan a los redimidos—estaban cantando a Dios, mientras que

EL ANUNCIO DE DIOS AL MUNDO

los ángeles estaban *diciendo* sus alabanzas al Señor (Apocalipsis 5:8-12).

El Canto de los Redimidos

El canto es una habilidad humana que es muy valorada por Dios, y muy envidiada por el diablo. Por tanto, cuando tus pequeños cantan sus villancicos, están haciendo algo que ningún ángel puede hacer. El canto de los redimidos pudiera ser alguna de aquellas "cosas en las cuales anhelan mirar los ángeles" (1 Pedro 1:12) (énfasis añadido).

Dios Te Impresiona

Cuando leemos acerca de la manera espectacular en que los ángeles presentaron su mensaje, cualquiera podría suponer que su audiencia habría estado compuesta de reyes y reinas u otros dignatarios. Sin embargo, la audiencia de los ángeles estaba compuesta de simples pastores que cumplían sus labores durante la noche. Pero esos pastores eran tan importantes para Dios que Él se encargó de cada detalle para traerles la buena noticia por "todo lo alto"—literalmente. En estos detalles podemos comprender cuánto nos ama Dios, y cuánto disfrutó dándonos la noticia del nacimiento de Su amado Hijo.

Otra Señal, el Mismo Mensaje

Al mismo tiempo que los pastores recibían la maravillosa noticia y el deslumbrante espectáculo angelical, en el Oriente, una resplandeciente estrella aparecía a unos magos. Estos hombres, que, aunque estaban geográficamente distantes de Belem, emocionalmente estaban cerca en su expectativa del Mesías. Esta expectativa no solo los traería físicamente a Belem, sino que los inmortalizaría en la historia de la Navidad y los pondría en primera fila del plan de Dios para salvar a los gentiles.

Así que ellos rápidamente entendieron que alguien que moraba más allá de las estrellas les estaba comunicando el mensaje esperado. Pero note que, en esta ocasión, el anuncio de Dios para los magos parecía ser menos pomposo que el de los pastores. Aun así, el mensaje tuvo el mismo impacto. Los sabios comprendieron sin lugar a duda que la estrella que habían visto era del Rey de los Judíos que había nacido y que debían ir a adorarle (Mateo 2:2). Pero ¿por qué el mensaje a los sabios fue menos lujoso que el de los pastores?

Dios Levanta al Pobre

Creemos que Dios prestó especial atención a los pastores porque quizás ellos se consideraban así mismos indignos de recibir algo grandioso por ser pobres. La impresionante demostración de los ángeles a los pastores fue parte del cumplimiento del plan Divino de levantar al pobre a un sitio de honor. Porque: "El levanta del polvo al pobre, Y del muladar exalta al menesteroso, Para hacerle sentarse con príncipes y heredar un sitio de honor" (1 Samuel 2:8; Salmos 113:7).

Sin embargo, los magos de Oriente no necesitaban este tipo de detalles. Ellos siempre habían vivido en riqueza y estaban muy familiarizados con el esplendor. Aun así, el plan redentor no fue dedicado solamente para los pobres, sino también para los ricos.

No estaba reservado exclusivamente para los judíos, sino que incluía a todas las naciones. Porque el alma de cada ser humano tiene el mismo valor para Dios porque Él nos hizo.

El Dios de los ricos Abraham y Salomón, es el mismo Dios que envió a Sus ángeles a un mendigo llamado Lázaro para escoltarlo a su hogar celestial cuando murió. Porque Dios no hace acepción de persona, sino que está complacido con todo el que le obedece sin importar su nación (Hechos 10:34-15) o su estatus.

De la misma manera, nuestro Padre Celestial no ocultará Su revelación de nadie, ni siguiera de aquellos que tienen una religión diferente o ninguna religión. Él ama a Sus criaturas y quiere compartir a Su Hijo con todos. Por esto, Su anuncio está dirigido a *quien pueda interesar*, a quien quiera recibirlo y compartirlo con los demás.

La pregunta para nosotros es, ¿estamos nosotros compartiendo al Mesías? O estamos limitando el anuncio del Evangelio solamente para aquellos que están en nuestra lista privada. Y es que a veces, inconscientemente reservamos el Evangelio para los pobres, o para nuestros amigos y familiares o para las personas amables o para los que están en una situación difícil. Sin embargo, el mensaje de la Navidad nos debe recordar que Dios sigue interesado en alcanzar a toda criatura con Su mensaje de amor.

CAPITULO 2

EL ATAQUE DE HERODES

Después del glorioso anuncio del nacimiento de Jesús, el gozo de aquel evento se vio eclipsado para las familias de Belén por una gran tragedia. Un impostor llamado "Herodes rey de los judíos" tuvo celos del verdadero Rey de los judíos, y planeó matarlo. Y aunque muchos parecieran editar la historia de la Navidad para olvidar lo que pasó con los niños de Belén, esa parte de la historia está en la Biblia con un propósito y debemos entenderlo.

<u>Quien Era Herodes</u>

Para entender mejor la tristeza que ocurrió en la primera Navidad, necesitamos mirar más a fondo la vida y el carácter de quien causó tanta tristeza. Se trata del rey Herodes. De acuerdo con el historiador judío *Flavio Josefo*, Herodes era hijo de *Antípatro o Antipas*, un influyente y acaudalado *Idumeo*. Y vale la pena notar que la palabra *Idumea* es la forma griega del nombre *Edom*.

Descendiente de Esaú

Edom es *Esaú*, el hermano gemelo de Jacob, padre de los judíos. Los descendientes de Esaú o Edom son llamados *edomitas*. Por lo tanto, podemos decir que Herodes era un descendiente de Esaú. Recuerde que Jacob había tomado con engaño la bendición de su hermano Esaú, quien llegó a odiarlo tanto, que planeó matarlo como afirma la Biblia (Génesis 27: 41).

Pero Esaú no solo mantuvo el odio y el rencor contra su hermano Jacob, sino que efectivamente los transmitió a toda su descendencia. Sabemos esto porque cientos de años después de este incidente, el Señor reprendió su pecado con estas palabras:

> Así ha dicho Jehová: Por tres pecados de Edom, y por el cuarto, no revocaré su castigo; porque persiguió a espada a su hermano, y violó todo afecto natural; y en su furor le ha robado siempre, y perpetuamente ha guardado el rencor (Amós 1:11).

De acuerdo con esta escritura, Herodes, siendo un descendiente de Edom debió haberse criado con odio hacia los judíos. Podemos decir que, Herodes sufría de odio generacional por los judíos. Y estando en una posición de poder, ese odio causaría muchos males a los judíos que estaban bajo su dominio.

Como Llegó Herodes al Poder

Antipas, el padre de Herodes fue nombrado gobernador de Judea por su amigo *Pompeyo*, general del ejército romano cuando éste conquistó Jerusalén. Eventualmente, Antipas también consiguió que los romanos nombraran a sus hijos *Fasael* y *Herodes* como gobernadores de Jerusalén y Galilea respectivamente. Al parecer él estaba determinado a establecer una dinastía *edomita* sobre los judíos. Sin embargo, cuando los *Partos* invadieron Jerusalén cerca del año 40 AC., su aspiración dinástica se vio interrumpida repentinamente pues Fasael fue muerto y Herodes tuvo que escapar a Roma.

Pero durante su estadía en Roma, el dominio edomita se vio más vivo que nunca cuando el *Senado* romano nombró a Herodes "rey de los Judíos". Poco tiempo después, Herodes conquistó Jerusalén, ostentando desde entonces el doble título de, "Herodes el Grande, rey de los judíos". Pero el hecho de ser llamado "rey de los Judíos" debe haber sido un gran logro para un descendiente de Edom, quien habría considerado tal título como una vindicación por la bendición usurpada a su ancestro.

El Conflicto de Herodes

Sin embargo, Herodes no tardó en casarse con *Mariamna I*, una hermosa princesa Judía de la

EL ATAQUE DE HERODES

dinastía *asmonea* de quien se enamoró perdidamente. Pero Mariamna lo aborrecía porque él había dado muerte a su abuelo *Hircano* y a su hermano *Aristóbulo* en su afán de eliminar los rivales al trono judío para asegurar el poder.[2] Pero quizás el conflicto entre amar a una judía y odiar a los judíos, arrojó más combustible sobre la personalidad bipolar que caracterizó a Herodes toda su vida

Así que, Herodes nunca fue aceptado por los judíos como su rey, no solo por su origen étnico, sino también por su crueldad y decisiones contradictorias. Por ejemplo, Herodes renovó el templo de Dios y lo hizo muy hermoso. Ese es el templo que Jesús visitó y enseñó en muchas ocasiones. También hacía obras de caridad y reducía impuestos para alivianar la carga al pueblo cuando había alguna crisis.

Aun así, Herodes también disgustó a los judíos al construir un águila que ellos consideraban idolátrica. Y cuando sintió que se acercaba el día de su muerte, Herodes hizo arrestar a prominentes lideres judíos y ordenó que los mataran el día en que el muriera para que el pueblo tuviera verdadero luto en vez de alegrase por su muerte. Afortunadamente, este mandato no fue obedecido.

¿Quién Estaba más a Salvo con Herodes?

Pero quizás la prueba más grande de la crueldad de Herodes se muestra en la manera en que eliminó a personas cercanas a él; incluyendo algunos de sus familiares. Así Herodes, movido por celos mató a su adorada esposa Mariamna y luego lo lamentó desesperadamente. También mató a su suegra Alexandra,[3] y por lo menos a tres de sus propios hijos [Ibid. 2]. Tal era el caso que el mismo emperador romano *Cesar Augusto,* lamentaba esta práctica diciendo que, *un cerdo estaba más a salvo con Herodes que un hijo de Herodes*. Este es el Herodes que trajo tanta tristeza a la primera Navidad.

La Persecución del Recién Nacido

Así que, cuando los reyes magos llegaron a Jerusalén buscando al Rey de los judíos, la furia de Herodes estaba lista para atacar. Inmediatamente

EL ATAQUE DE HERODES

interrogó a los magos acerca del Niño Rey, y les dio instrucciones para que le informaran el lugar donde estaba, para ir a "adorarlo." El plan ya estaba en marcha. La redención de la humanidad estaba en gran peligro en ese momento. Alguien que había hecho un estilo de vida de matar a quien consideraba una amenaza, se estaba acercando demasiado a la ubicación de nuestro Redentor.

Dos Sueños

Pero nadie puede impedir el propósito de Dios. Intervención divina vino en la forma de dos sueños. En el primer sueño, Dios instruyó a los sabios a que no regresaran a Herodes, sino que volvieran a su tierra por otro camino (Mateo 2:12). En el segundo sueño, Dios alertó a José acerca de los planes de Herodes y le dijo que escapara a Egipto con María y el Niño (Mateo 2: 13-14). Cuando Herodes entendió que había sido engañado por los magos, su furia estalló, y ordenó la matanza de los niños de Belén y de las aldeas alrededor.

¿Qué edad tendría Jesús cuando ocurrió la matanza de los niños? Para contestar a estar pregunta debemos tratar de indagar la edad que tendría Jesús cuando los magos lo visitaron. Esto es importante, porque es posible que Herodes haya expandido a propósito la edad de los niños que mandó matar, aun sabiendo la edad que tenía Jesús.

Así que sin pretender establecer la edad exacta del Niño Jesús cuando llegaron los magos, podemos imaginar una línea de tiempo razonable. Podríamos comenzar considerando que los magos habrían visto la estrella la misma noche en que nació Jesús. Ellos habrían estado viajando desde algún lugar en el Oriente. Imaginemos un lugar muy distante como Persia (Irán moderno) que se encuentra aproximadamente a 1400 millas de Jerusalén. Montando sus camellos les habría tomado semanas, y no meses o años en llegar a Jerusalén, y menos de una hora para recorrer aproximadamente 6 millas desde Jerusalén donde se habían encontrado con Herodes hasta Belén donde estaba Jesús.

EL ATAQUE DE HERODES

La Presentación del Niño

Hay otro dato que nos podría ayudar a determinar la edad aproximada que tendría Jesús cuando llegaron los magos. Y es que sabemos que el Niño fue presentado al Señor en el templo como dicen las Escrituras: "Y cuando se cumplieron los días de la purificación de ellos, conforme a la ley de Moisés, le trajeron a Jerusalén para presentarle al Señor" (Lucas 2:22-23). El tiempo de la purificación de una mujer después de haber dado a luz a un varón era de cuarenta días (Levítico 12: 2-4).

A la mujer no le era permitido entrar al templo hasta que se cumplieran los días de su purificación. Así que, María debió haber esperado los cuarenta días de su purificación en Belem que estaba cerca de Jerusalén, para luego entrar al templo con José y presentar al Niño, antes de regresar a su cuidad. Y es muy probable que los magos visitaran a la santa familia cuando estaba en Belén, quizás poco antes o poco después de la presentación del Niño.

También sabemos con seguridad que el sueño de José ocurrió después de que los magos se habían ido, y antes de que Herodes entendiera que había sido burlado (Mateo 2:12-13). Luego de su sueño, José debe haber descendido de inmediato con su familia a Egipto que le queda al suroeste de Belem, en vez de ir al norte hacia Jerusalén donde estaba Herodes. Ya que habría tenido que pasar por Jerusalén para ir a Nazaret su ciudad. Además, sabemos que Herodes no iba a esperar pacientemente hasta que los magos "algún día" le trajeran noticias del niño—Así que podemos decir que no pasó mucho tiempo entre la visita de los magos a Jesús y la matanza de los niños.

Estos acontecimientos podrían confirmar que, si los magos visitaron a Jesús en Belem, el Niño tendría probablemente semanas de nacido, y no dos años cuando ellos llegaron. Herodes sabia esto muy bien por lo que había investigado *diligentemente de los magos* (Mateo 2:7). Pero debido a que quería asegurarse de que no se le escapara Jesús, usó su acostumbrada crueldad para expandir la edad y matar a todos los niños que habían nacido en los últimos dos años—algo que no es de sorprender viniendo de alguien que mataba a sus propios hijos. Como resultado de esta expansión de edad, un mayor número de familias fue devastada por esta tragedia.

Herodes Ataca a los Niños

Herodes ataca a los niños, y especialmente durante la Navidad. Aun puedo recordar la perdida de muchos niños que ocurrió cerca de la Navidad del año 2012 en los Estados Unidos de Norte América. Una gran tristeza fue traída sobre las familias de estos niños y de esta gran nación mientras todos lamentábamos la perdida de esas preciosas criaturas.

Recuerdo que unos días antes de dicha tragedia, estaba escuchado en la radio la canción titulada, *While You Were Sleeping* (Mientras Dormías) del grupo *Casting Crowns*. Esa canción era alusiva a lo que ocurrió con los niños de Belén. Hay algunas líneas de esa canción que hablan acerca de América estando dormida y de la matanza de sus niños. Esas líneas de la canción me estremecieron como si estuvieran prediciendo algo terrible. Tristemente, algo realmente terrible ocurrió unos días después, y muchos niños perecieron.

Y aunque de manera más sutil, también hay otras formas de infanticidio en nuestra sociedad. Así el asesinato de niños con frecuencia se disfraza bajo una agenda de "proelección" donde la única "elección" es asesinar a los bebes por nacer. También el tráfico humano, la esclavitud, la labor infantil, el abuso sexual, emocional y físico de los niños son otras maneras de aniquilarlos y de robarles su inocencia y su futuro. Cuando a esa edad deberían estar estudiando y jugando.

América Ya No Está Dormida

Pero hay esperanza en medio de todo esto: **¡América ya no está dormida, mas importante aún, la iglesia ya no está aturdida!** Hemos despertado a la realidad de que hay un enemigo que usa diferentes trucos para continuar con su agenda de muerte y destrucción. Herodes representa el deseo del diablo que es matar, robar y destruir a las criaturas de Dios. Él quiere impedir la multiplicación de la raza humana y mantener a las familias en tristeza mientras continúa persiguiendo a Jesús en cada niño.

Sin embargo, es fácil pensar que en la primera Navidad solo ocurrió alegría. Pero debemos recordar que, aunque la Navidad es la más bella historia de amor, el Padre la escribió con la sangre de Su propio Hijo. Cristo vino a destruir las obras del diablo, pero todavía no estamos en el Paraíso. Esto significa que aún hay maldad en el mundo.

Por tanto, debemos disfrutar nuestra vida y nuestra celebración navideña, pero sin dejar de estar alerta. Debemos estar listos para cooperar con Dios con nuestras oraciones y vigilancia para destruir los planes de Herodes contra nuestros niños. *Por esto es importante contar la historia completa de la Navidad para evitar tratarla como un cuento de hadas.*

Salvando Nuestra Generación

De la tragedia del 2012, he aprendido que tenemos una gran responsabilidad de interceder ante el Señor por nuestros niños. Desde entonces, oro a diario por los niños que van a las escuelas y cuidados infantiles y por los jóvenes que van a las universidades en diferentes lugares. *Amado lector y lectora, te invito a que hagas lo mismo.* Ora por tus niños y por los niños de tu nación, de tu ciudad y de tu iglesia. Pongámonos de acuerdo con Dios para destruir el ataque de Herodes en contra de nuestra generación.

No olvidemos que Herodes ataca todo lo que representa una amenaza para sus planes. Los niños son una amenaza para los planes del enemigo porque ellos son un testimonio tangible del amor de Dios por la humanidad. Dios quiere más gente en el mundo. El no creó la tierra en vano, sino para que fuese habitada (Isaías 45:18).

Así que a pesar de lo que digan algunos, la tierra no está "sobrepoblada" para el Creador y Dueño de ella. Por lo tanto, mientras el diablo trata de reducir

EL ATAQUE DE HERODES

la población mundial a través de alimentos y medicinas contaminadas, drogas, alcohol, abortos, guerras y violencia, Dios sigue enviando a sus preciosas criaturas a este mundo todos los días.

Él ama la alegría de todos Sus hijos, niños, jóvenes y ancianos. Y un día quitará la maldad de la tierra para que Sus criaturas puedan disfrutarla por completo, entonces morarán "ancianos y ancianas en las calles de Jerusalén, cada cual con bordón en su mano por la multitud de los días. Y las calles de la ciudad estarán llenas de muchachos y muchachas que jugarán en ellas" (Zacarías 8:5).

Ocurrirá Tambien que:

> el becerro y el león y la bestia doméstica andarán juntos, y un niño los pastoreará…Y el niño de pecho jugará sobre la cueva del áspid, y el recién destetado extenderá su mano sobre la caverna de la víbora. No harán mal ni dañarán en todo mi santo monte (Isaías 11:6, 8, 9). ¡Aleluya!

Esto ocurrirá durante el *Milenio;* ese periodo de paz cuando Dios reinará sobre la tierra con justicia desde Jerusalén por mil años. Y nosotros reinaremos con Él...pero mientras llega el *Milenio*, hagamos todo lo posible para crear un ambiente de felicidad, aprendizaje y seguridad para nuestros niños, en nuestros hogares, escuelas y congregaciones.

Recuerde que Jesús dio especial atención a los niños y mandó a Sus discípulos que los dejaran venir a Él sin impedimento...*porque de ellos es el reino de los cielos*. Y todo lo que hacemos para ayudar a Sus 'pequeñitos' el Señor lo toma como si fuera hecho directamente a Él, y nos recompensará en Su reino (Mateo 25:34-40). Sigamos ayudando a Sus niños.

Notas:

2. **Josefo.** *Antiquedades de los judios, XV 3.3, 7.4-9.*

3. —. *Guerra de los Judios, I. 6.2, 8.9, 14.4, 22.2-5,27.6.*

CAPITULO 3

RECONQUISTANDO LA ALEGRÍA DE LA NAVIDAD

Jesús es Emanuel, Dios con nosotros. Esa es la noticia de gran gozo que celebramos en Navidad. ¿Pero cómo puede la celebración de algo tan jubiloso convertirse en una temporada donde muchos experimentan tristeza? Encontramos respuestas a esta pregunta al analizar la naturaleza de la sed interior de los humanos y la manera en que tratamos de satisfacer esa sed.

El mercado ofrece diferentes productos para hacernos dichosos. Y muchos caen en el engaño de creer que la felicidad se puede comprar. Consecuentemente, durante la Navidad pareciera que se desata un concurso para elegir al más feliz. Y como no todos pueden competir y ganar dicho concurso, la Navidad se ha convertido en un *detonante de tristeza* para muchos.

La verdad es que cuando nos envolvemos en conseguir cosas materiales, mientras olvidamos el aspecto espiritual de la Navidad, terminamos vacíos. Esa es la razón principal por la cual muchos tienen una triste Navidad. Para combatir la tristeza, observaremos a aquellos que fueron parte de la primera Navidad. Al hacerlo aprenderemos la manera en que ellos trataron al recién nacido y encontraron significado y alegría a pesar de las dificultades que tuvieron que enfrentar.

¿Como Respondes al Regalo de Dios?

En Navidad Dios nos regaló a Su Hijo. Y los humanos respondieron al regalo divino también dando. Así vemos que los reyes magos trajeron regalos a Jesús. Por lo general se asume que los reyes eran tres, quizás por los tres tipos de regalos que trajeron. Pero sin importar cuantos hayan sido, sus regalos representan una gran lección acerca de cómo experimentar el gozo de la Navidad.

La Biblia nos dice lo siguiente acerca de la visita de los magos: "Y al entrar en la casa, vieron al niño con su madre María, y postrándose, lo adoraron; y abriendo sus tesoros, le ofrecieron presentes: oro, incienso y mirra" (Mateo 2:11). Examinemos estos regalos.

Oro

Uno de los presentes que los reyes trajeron a Jesús fue oro. Un regalo de oro representaba el esplendor del rey y su reino. En el mundo antiguo, el protocolo real incluía traer tesoros a un rey cuando se le visitaba. Podemos ver un ejemplo de esto en la visita que hizo la reina de Sabá a Salomón. Ella trajo muchos camellos cargados de especias, oro y piedras preciosas (1 Reyes 10:2).

Honrando al Rey

Pero los reyes están en palacios, y Jesús estaba en una casa cuando llegaron los magos a visitarlo. (Tal vez, en la casa de alguno de los familiares de José y María en Belén, pues suponemos que no habrían dejado a María permanecer en el establo después de enterarse de que había dado a luz). Los magos sabían que Jesús era el Rey de los judíos. Así que, salieron de su tierra preparados para honrarle como a un rey. En la misma manera, nosotros debemos acercarnos a la Navidad, listos para honrar a nuestro Rey. ¿Como podríamos nosotros honrar a Jesús? ¿Y cuál sería un regalo que Él aceptaría?

Un Regalo Para Jesús

Las siguientes son algunas sugerencias acerca de qué podríamos regalar a nuestro Rey para honrarlo. Podemos empezar por recordar que *aquel que da al pobre, honra a Su Hacedor* (Proverbios 14:31b). Así que debemos identificar a alguien que esté en una condición menos privilegiada que la nuestra—y de seguro que siempre lo habrá. Y regálele algo a esa persona en nombre de Jesús. Pero no se trata solamente de enviar dinero a una fundación. Se trata de que también suplamos la necesidad de alguien de manera directa.

El Verbo No se Aisló

Y es que hay un gozo especial cuando mostramos el amor de Dios personalmente. La Navidad debe recordarnos que Dios emprendió un viaje a la tierra para abrazar al necesitado, tocar al leproso, y dejar que los niños vinieran a Él. El Verbo, el cual es Cristo, se hizo carne y habitó entre la gente. Él no se aisló en un castillo. De igual manera, nosotros necesitamos ayudar a la gente cara a cara para tocar su corazón mientras suplimos su necesidad física.

Feliz Quien Da al Pobre

Pero pudiera ser posible que alguien no conociera personalmente a alguien que esté en necesidad. En tal caso, la persona debería ir a algún centro comercial donde algunos padres están tratando con dificultad de comprar algunos regalos para sus niños. Cualquier contribución de su parte los ayudará a disfrutar su celebración del Regalo de Dios para la humanidad.

Recuerde que aquellos que están en necesidad no están deprimidos; ellos simplemente están tristes porque les falta su provisión diaria [1] o algún regalo para sus hijos. En la manera en que invertimos en su felicidad, nuestra propia felicidad se aumentará, porque *feliz es aquel que tiene misericordia del pobre* (Proverbios 14:21). Jesús gustosamente aceptará tales regalos.

Dando Te Olvidas de Ti

Mas aun, con solo enfocarnos en suplir la necesidad de alguien, estaremos eliminando de inmediato una de las razones principales de la infelicidad, la cual es el *egocentrismo* o el estar enfocado en uno mismo. Deberíamos enseñar esto a nuestros hijos. Así que, esta Navidad, tomemos un momento para imaginar la felicidad que podemos producir en otros, demostrando que lo que empezó en el pesebre, sigue vivo todavía.

El Regalo de la Salvación

Pero más allá de compartir nuestras posesiones materiales, debemos contemplar la Navidad a través de los ojos de nuestro Redentor y Su plan de Salvación. Esto incluye compartir el regalo del Evangelio. Ese regalo es gratuito porque nadie lo puede pagar. Recuerde que los pastores no tenían tesoros para Jesús como los magos; pero ellos entendieron que la buena noticia que habían recibido tenía que ser compartida.

De esta manera, después de haber hallado al Niño, los pastores lo anunciaron al pueblo como dicen la Palabra:

> Vinieron, pues, apresuradamente, y hallaron a María y a José, y al niño acostado en el pesebre. Y al verlo, dieron a conocer lo que se les había dicho acerca del niño. Y todos los que oyeron, se maravillaron de lo que los pastores les decían (Lucas 2:16-18).

Y porque compartieron las buenas nuevas, los pastores volvieron a sus casas glorificando y alabando al Señor (Lucas 2:20). Y definitivamente, un corazón lleno de alabanza y gratitud es un corazón lleno de gozo. Como podemos ver, el disfrutar la Navidad no depende de cuanto puedes *gastar*, sino de cuanto decides *compartir*.

El Regalo de Mirra

Otro de los regalos que trajeron los reyes magos fue *mirra*. ¿En qué consistía el regalo de mirra? La *mirra* era una fragancia de resina de árbol. Sin embargo, cuando pensamos en el significado de la mirra, ni siquiera calificaría para un regalo porque se usaba mayormente para la sepultura. Por tanto, simbolizaba sufrimiento.

Este regalo estaba prediciendo los sufrimientos y la muerte de Cristo por nuestros pecados. Cuando nuestro Señor estaba en la cruz, se le ofreció una bebida mezclada con hiel (Mateo 27:34). Solo imagínese lo que sería para María ver que a su recién nacido se le traía semejante presente.

El Sufrimiento de María

Mas aun, la mirra no solo estaba anunciando los sufrimientos de Cristo. Vemos que José y María también tuvieron que sufrir para avanzar el plan de salvación. Recuerde que, cuando María aceptó la propuesta de Dios para convertirse en la madre del Mesías, ella tuvo que sacrificar su honor. La palabra de Dios dice "que se halló que estaba embarazada" (Mateo 1:8). Esto significa que la gente se enteró, y que, tal vez habló acerca de su embarazo.

Su reputación estaría arruinada. Y quizás aún se vio en peligro de ser apedreada como mandaba la Ley (Deuteronomio 22:20-21). Imagínese la vergüenza que María tuvo que soportar al ser considerada por su prometido y tal vez por su comunidad como una mujer impura.

Sufrimiento de José

De igual manera, cuando su prometido José se enteró de su embarazo, el corazón debe habérsele destrozado. Él sabía que no la había tocado, así que planeó abandonarla. Pero como era un hombre justo, trató de hacerlo en secreto para no difamarla (Mateo

1:18-22). Mas, en Su plan perfecto, el Señor habló a José por medio de un sueño explicándole que María llevaba en su vientre al *Mesías* prometido. Como resultado, José la recibió obedientemente desde aquel día.

Sin embargo, los sacrificios de ellos no terminarían ahí. María y José necesitarían viajar desde Nazaret a su nativa Belén para ser contados en el censo decretado por el emperador romano, *Cesar Augusto* (Lucas 2:1). La distancia entre Nazaret y Belén era aproximadamente 70 millas. En aquellos tiempos, viajar resultaba muy difícil; especialmente, para una mujer en tan avanzado estado de embarazo.

Después de haber llegado a Belén, María entró en labores de parto casi de inmediato. Y porque muchos habían venido a Belén para ser empadronados, no encontraron lugar donde hospedarse; así, tuvieron que quedarse en un establo. Pero quizás, ver a su primogénito nacer en un lugar tan inadecuado fue la peor parte de su jornada. Y una vez más, ellos tuvieron que sufrir.

El Propósito por encima del Placer

Mas tarde María vería a su hijo siendo crucificado por nuestras transgresiones, y como le profetizó Simeón, una espada traspasaría su misma alma (Lucas 2:35). Y aunque nuestros sufrimientos nunca podrán compararse al de nuestro Señor Jesucristo, el regalo de *mirra* debería recordarnos que debemos estar dispuestos a sufrir—si fuera necesario—para compartir el mensaje de salvación que le costó a Jesús la vida. Cuando mantenemos la actitud de que no estamos vivos solo para divertirnos, estaremos listos para elegir el *propósito* de Dios por encima del placer humano. Esa actitud frente a la vida nos ayudará a disfrutar mejor todas las cosas, incluyendo la Navidad.

Incienso: Un Regalo Único

Otro regalo que los sabios trajeron a Jesús fue el *incienso*. El incienso era una fragancia que tenía un significado muy especial. En el Antiguo Testamento, el incienso debía ser dedicado en su totalidad al Señor como dice la Palabra:

> Cuando alguna persona ofreciere oblación a Jehová, su ofrenda será flor de harina, sobre la cual echará aceite…tomará el sacerdote su puño lleno de la flor de harina y del aceite, con todo el incienso, y lo hará arder sobre el altar para memorial; ofrenda encendida es, de olor grato a Jehová. Y lo que resta de la ofrenda será de Aarón y de sus hijos (Levítico 2:1-3).

Como podemos ver en los versos anteriores, solamente una porción de la ofrenda de harina y del aceite era quemada ante el Señor. La cantidad restante pertenecía al sacerdote. Sin embargo, **todo** el incienso tenía que ser quemado ante Dios. A los sacerdotes no se les permitía tomar ninguna parte de esta ofrenda. ¿Cuál era el significa de una ofrenda como esta? ¿Y por qué no estaba permitido a los sacerdotes tomar de esta ofrenda? El significado del *incienso* es *adoración*, y por esto no se les permitía a los sacerdotes tomar de ella.

Toda la Adoración Es para Dios

Por tanto, el incienso nos recuerda que nuestra adoración debe ser dirigida única y exclusivamente al verdadero Dios, Creador de todas las cosas, Dios Padre, Dios Hijo y Dios Espíritu Santo. Por esta razón los sabios trajeron incienso a Jesús y se postraron ante Él y lo adoraron como a Dios. Ellos no trataron a Jesús como a un bebé.

Solución a la Tristeza

Cuando ponemos la adoración en el contexto de la Navidad, encontraremos la solución a la tristeza que afecta a muchos durante esta temporada. Así que, la adoración debe ser parte de nuestra vida y de nuestra celebración navideña. Sin embargo, muchos están comprando regalos y organizando fiestas familiares, mientras se olvidan de adorar al Mesías. Debemos evitar estar tan enfocados en complacer a nuestros seres queridos o a nosotros mimos que olvidemos a Aquel cuyo nacimiento celebramos.

Amado lector o lectora, esta Navidad, démosle toda nuestra adoración a Jesús, y honrémosle compartiendo el Evangelio y nuestros recursos con los demás. Recuerde que después de haber adorado a Jesús, los sabios pudieron disfrutar de una nueva relación con Dios. En esta nueva relación Dios les habló a través de un sueño.

Estos hombres deben haber regresado a su tierra llenos de gozo pues, aunque habían venido a Jerusalén guiados por una estrella, ahora regresaban habiendo escuchado y adorado al Creador de las estrellas. Y de la manera en que los pastores fueron alcanzados en Belem y los magos en el Oriente, nuestro Padre Celestial puede alcanzarnos donde quiera nos encontremos en la vida para llenarnos de propósito y gozo. Este sigue siendo el mensaje de la Navidad hasta hoy.

Notas:

1. De La Rosa, Keila M. *Arrancando la depresión.* Faith Publishers, 2018.

CAPITULO 4

LA NAVIDAD Y EL ESPIRITU DEL ANTICRISTO

El nacimiento de Jesús ha sido recordado y celebrado durante siglos al rededor del mundo. Y aunque muchos todavía celebran el verdadero significado de la Navidad, hay por lo menos dos actitudes dirigidas a distorsionar y a eliminar por completo su celebración. La primera actitud viene de ateos que niegan la existencia de Dios; la segunda, viene de satanistas quienes lo aborrecen.

Sin embargo, hay sinceros cristianos que están ignorando esta celebración, alegando que la Navidad tiene elementos paganos o que esa no es la fecha en que Jesús nació. Con esta actitud los creyentes están indirectamente cooperando con quienes quieren erradicar esta celebración. Pero a pesar del argumento acerca de elementos paganos o de la fecha en que Jesús nació, ¡debemos celebrar el indiscutible hecho de que Jesús nació!

El Verbo Se Hizo Carne

Y es que no debemos olvidar que la Navidad celebra un pilar de nuestra fe cristiana. Ese pilar es la doctrina de la *Encarnación*. La *Encarnación* es la enseñanza que demuestra bíblicamente que el Verbo se hizo carne, lo cual significa que tomó *cuerpo* (Hebreos 10:5). Ese Verbo hecho carne es Jesucristo Quien nació de una virgen y habitó entre nosotros. Y porque Jesús nació con un cuerpo de carne fue que pudo morir en la cruz del Calvario y derramar Su preciosa sangre para salvarnos. Esto es lo que celebramos en Navidad.

LA NAVIDAD Y EL ESPIRITU DEL ANTICRISTO

Cuando nos damos cuenta de la importancia de la Navidad para los cristianos y para el mundo, estaremos listos para defender esta celebración. No debemos ignorarla. El enemigo la odia por esto usted notará que hay un coordinado esfuerzo en la sociedad para suprimir que se diga, "Feliz Navidad". Así que lo que está detrás de esta oposición es el *espíritu del anticristo*.

El Espíritu del Anticristo tiene dos manifestaciones principales:

La primera manifestación *es la negación*. Este espíritu niega al Padre y al Hijo. Como dicen las Sagradas Escrituras: "¿Quién es el mentiroso, sino el que niega que Jesús es el Cristo? Este es anticristo, el que niega al Padre y al Hijo" (1 Juan 2: 22-23). Podemos identificar fácilmente este espíritu porque niega abiertamente la existencia de Dios. Esta es una clara descripción de los ateos.

La Biblia también dice que los demonios creen y tiemblan (Santiago 2:19). De la misma manera, los satanistas, aunque saben que Dios existe, no le sirven, sino que, por el contrario, le aborrecen. En resumen, el espíritu del anticristo es un espíritu mentiroso (1 Juan 2: 22-23). Usted notará que casi todo lo que sale de la boca de aquellos que niegan y aborrecen a Dios, es engañoso.

No es coincidencia que casi toda mentira famosa en la historia ha procedido de alguien que negaba o aborrecía a Dios. Este es el caso, por ejemplo, de Hitler, quien creó una cultura de mentiras y propaganda para tomar el poder y justificar su horrenda limpieza étnica, la cual terminó con la vida de millones de personas, incluyendo más de seis millones de judíos.

Otras Manifestaciones del Espíritu de Mentira

En el campo industrial, el espíritu de mentira se manifiesta en la falsificación de productos y alimentos. En los medios informativos, ese espíritu toma la forma de falsas encuestas, falsas estadísticas, y falsas noticias. En el campo médico y farmacéutico, el espíritu de mentira está detrás de los falsos diagnósticos, falsos medicamentos y terapias, que pueden empeorar la condición del paciente y hasta causarle la muerte.

(Por tanto, la práctica de consultar una segunda opinión frente a un diagnóstico drástico es más necesaria ahora que nunca. Sobre todo, debemos confiar en Dios para que nos sane directamente o nos dirija a los verdaderos médicos. Seamos vigilantes).

La segunda manifestación del espíritu del anticristo es *no confesar.* Note que este espíritu **no niega** abiertamente que Jesús vino en carne. Lo que este espíritu hace es *omitir, censurar o impedir la proclamación de* esa verdad. Esto es lo que dice la Palabra: "Y todo espíritu que no confiesa que Jesucristo ha venido en carne, no es de Dios; y este es el espíritu del anticristo" (1 Juan 4: 3).

Tengamos cuidado porque el espíritu que no confiesa que Jesús vino en carne no puede ser identificado tan fácilmente como el espíritu que lo niega. Así que este espíritu puede operar sutilmente en áreas donde la abierta negación de la Encarnación no es permitida. Necesitamos tener claro cuál es el significado de no confesar: **no confesar es lo mismo que negar.**

Los siguientes son algunos ejemplos de cómo el espíritu del anticristo **no** confiesa a Cristo durante la Navidad:

Número uno, el espíritu del anticristo no confiesa el nacimiento de Jesús al oponerse a que se diga, "Feliz Navidad." En realidad, aquellos que eligen decir 'Felices Fiestas' no están negando abiertamente la Navidad; lo que están haciendo es **no** confesar a Quien estamos celebrando. Algunos lo hacen por ignorancia, pero otros lo hacen con la deliberada intención de borrar el verdadero significado de la Navidad. Ellos podrían simplemente ignorar por completo la celebración, pero en su lugar reemplazan el nombre de la fiesta para no confesar el nombre de Jesús.

¡Número dos, el espíritu del anticristo no está confesando a Cristo al inyectar un personaje imaginario para sustituir a Jesús en Su propia fiesta! Este personaje imaginario se dirige a los niños para quitarles la atención de Jesús durante la celebración de Su nacimiento.

Número tres, el espíritu del anticristo no confiesa que Jesús vino en carne al introducir canciones con temas que nada tienen que ver con Jesús y Su plan de redención. La mayoría de estas canciones son bastante melancólicas y no transmiten el mensaje de gran gozo que Dios envió al mundo la noche en que Jesús nació. Estas canciones son tristes porque no están hablando de Jesús Quien es el motivo de la celebración.

<u>Una Agenda Contra el Cristianismo</u>

Mi amado lector o lectora, podemos claramente ver que hay un deliberado intento de detener la celebración de nuestras festividades, conmemoraciones y tradiciones judeocristianas. Sin embargo, existen diferentes métodos para lograrlo. Por ejemplo, aquí en América, el *viernes Santo* casi no se menciona. El *domingo de Resurrección* ha sido sutilmente robado al darle un nuevo nombre e inventarle una tradición que no enseña a nuestros hijos que Jesucristo resucitó de entre los muertos.

De manera similar, el día de *Acción de Gracias* se ha redireccionado hacia el 'Viernes Negro' impidiendo que muchos se concentren en dar gracias a Dios en familia, pensando que perderán los descuentos de las tiendas. De esta manera se está honrando al materialismo antes que a Dios. Lo mismo está pasando con la Navidad.

El Espíritu del Anticristo Afecta a las Familia

Pero la parte más triste de esta agenda anticristiana es que está convirtiendo a cristianos sinceros en fervientes oponentes de la Navidad. En general, se está tratando de desalentarnos a que celebremos. Pero si usted aún no está desalentado y planea una celebración, es posible que algún miembro de su familia no se sienta cómodo debido al conflicto que ha sido suscitado en su mente en contra de la Navidad. Y de repente, algo que solía ser una maravillosa reunión familiar, se convierte en un tema de desacuerdo que está rompiendo la unidad de muchas familias.

Necesitamos detener esa tendencia de inmediato. Resistamos la infiltración de opiniones opuestas a nuestra fe. Como hijos de Dios necesitamos saber de qué lado de la batalla estamos parados para que apuntemos nuestras armas espirituales en contra de los argumentos del enemigo, y no en contra de nuestras propias creencias y tradiciones.

Derrotando el Espíritu del Anticristo

Alguna de las maneras de derrotar el espíritu del anticristo, incluyen:

- ❖ Mantener la Biblia como nuestro fundamento.
- ❖ Mantener claro que la Navidad celebra la Fiesta de la Encarnación que es un pilar de la fe cristiana.
- ❖ Estar dispuestos a no ignorar sino a celebrar todas las maravillas del Señor.
- ❖ Mantener nuestra tradición de celebrar la Navidad, pero rechazando cualquier tradición

o práctica que sea pecaminosa como la borrachera, la glotonería o el derroche.

- ❖ Hacer las celebraciones cada vez más bíblicas y espiritualmente significativas.
- ❖ Ser muy cuidadosos con nuevas enseñanzas que desalientan la celebración del nacimiento de Jesús.

Mi amado lector o lectora, cuando la sociedad está diluyendo y persiguiendo el mensaje de la Navidad o rehusando confesar a Cristo, debemos levantarnos y celebrar fervientemente a Jesús. *Él es Emmanuel, Dios con nosotros, Admirable, Consejero, Dios Fuerte, Padre Eterno, Príncipe de Paz.* Por tanto, derrotemos al espíritu que se le opone, proclamándolo durante todo el año, y especialmente en la Navidad.

CAPITULO 5

EL PROPOSITO DE LAS FESTIVIDADES

Las festividades son ideas de Dios. Desde el mismo comienzo de Su relación con Israel, una de las primeras cosas que Dios hizo fue designarles tres fiestas: *la fiesta de los panes sin levadura, la fiesta de los primeros frutos,* y *la fiesta de la cosecha* (Éxodo 23: 14-33). Mas adelante vemos la fiesta de los *Tabernáculos* y de *Pentecostés* y otras. Además, el Señor les ordenó varias actividades, ceremonias y símbolos para que recordaran sus maravillas de generación en generación. Sin embargo, a lo largo de la historia de Israel, otras festividades fueron agregadas.

Una de las razones por las cuales otras festividades fueron agregadas es porque Dios tuvo que rescatar a Su pueblo de sus enemigos en muchas ocasiones después de que desobedecían Su voz. Y cada vez que Él los rescataba, el pueblo marcaba ese evento con una celebración especial.

<u>El Propósito de los Símbolos y Festividades</u>

¿Por qué era tan importante para Dios que Su pueblo le celebra fiesta? El propósito principal de las fiestas y ceremonias, así como de los símbolos y rituales *era transmitir a la próxima generación el mensaje de lo que Dios había hecho*. Por ejemplo, después de cruzar el río Jordán, el Señor le dijo a Josué que designara 12 hombres, uno de cada tribu para que recogieran 12 piedras de en medio del río como testimonio para la próxima generación. La Biblia dice textualmente lo que esas piedras causarían en los niños: "y cuando vuestros hijos preguntaren a

EL PROPOSITO DE LAS FESTIVIDADES

sus padres mañana, diciendo: ¿Qué significan estas piedras? les responderéis: Que las aguas del Jordán fueron divididas delante del arca del pacto de Jehová" (Josué 4:6-7).

Provocar Preguntas

Así que las piedras estaban destinadas a provocar preguntas en los niños. Y sabemos cuánto les encanta a los niños preguntar. Esas preguntas son el comienzo de su proceso de aprendizaje porque significa que están interesados en el tema, y que prestarán atención a las respuestas.

La Fiesta de los Tabernáculos

De igual manera, Dios instruyó a los israelitas a que celebraran la fiesta de los *Tabernáculos* para recordar a la nueva generación que sus padres habían habitado en tiendas en el desierto en su camino a la tierra Prometida (Levítico 23:43). Los israelitas debían recoger ramas de todo árbol hermoso para crear casitas de campañas en que habitarían con sus hijos por siete días. De esta manera, los niños nunca olvidarían la manera maravillosa en que Dios había protegido a sus padres en el desierto por cuarenta años.

Fiestas Antiguas y Nuevas

Pero deberían los Cristianos celebrar la Navidad o no. Algunos cristianos dirían que la Biblia no registra ningún mandamiento de parte de Dios para celebrar el nacimiento de Jesús. Sin embargo, hay un principio bíblico que se puede seguir con respecto a celebrar lo que Dios ha hecho. Para recordar mejor este principio tomemos un momento para considerar la historia de los judíos bajo el Imperio Persa. Durante el reinado de Asuero este imperio llegó a extenderse desde la India hasta Etiopía teniendo ciento veintisiete provincias (Ester 1:1).

Una Amenaza Existencial

Fue durante este imperio que un príncipe malvado llamado Amán, conspiró contra los judíos y logró que el rey Asuero le diera completa autoridad para hacer un decreto para exterminar a todos los judíos. Dicho decreto fue escrito en el idioma de cada

EL PROPOSITO DE LAS FESTIVIDADES

pueblo, sellado con el anillo del rey y transportado en caballos veloces por todo el imperio (Ester 3:12).

Y donde quiera llegaba aquella notica, los judíos proclamaban día de duelo y lamento y hacían silicios y ayunos. Pero Mardoqueo, pariente de Ester y quien la había criado, hizo que la reina se enterara de la notica. Ester, después de vencer sus propios temores, ayunó con sus doncellas por tres días incluyendo las noches, y luego entró a ver al rey.

Y aunque el libro de Ester no menciona el nombre de Dios, es claro que Dios intervino dándole gracia a la reina delante de su esposo, el Rey Asuero. De esta manera Amán fue muerto y sus planes frustrados. Un nuevo decreto de parte del rey dio a los judíos plena autoridad para defenderse, y eso hicieron puntualmente. Este decreto cambió el lamento y el ayuno de los judíos en gozo, alegría y día de banquetes. Al final, todos los descendientes de Amán fueron destruidos, así como también los que buscaban la destrucción de los judíos.

<u>La Fiesta de Purim</u>

Después de que la amenaza fue eliminada, los judíos tomaron la decisión de celebrar la fiesta de *Purim* para marcar la ocasión y recordarla a las generaciones futuras (Ester 9: 27-28). Hasta el día de hoy, los judíos no han dejado de celebrar la fiesta de *Purim*. Tengamos en cuenta que, el Señor no ordenó esta festividad; sin embargo, ellos estaban aplicando el principio bíblico de celebrar lo que Dios hacía por ellos.

Peligro de Asimilación

Hay otra fiesta que los judíos celebran que tampoco fue ordenada por el Señor. El evento tuvo lugar durante el período *Inter-Testamentario*, esto es el periodo comprendido entre el Antiguo y el Nuevo Testamento, llamado también, *los Años del Silencio*. La historia ha registrado las luchas que el pueblo judío ha tenido que soportar para sobrevivir y triunfar. La amenaza a la que se enfrentaron en dicha ocasión fue diferente; no se trataba de *aniquilación física* sino de *asimilación religiosa y cultural*.

EL PROPOSITO DE LAS FESTIVIDADES

Los judíos estaban siendo forzados a adoptar la cultura *helenística,* que era la cultura griega. Por tanto, se les ordenó adorar a los dioses griegos y vivir de acuerdo con el resto de las naciones. Mas aun, el templo de Dios en Jerusalén había sido profanado cuando *Antíoco Epifanio IV,* quemó un cerdo en el altar.

Una vez más, muchos judíos se negaron a someterse y se defendieron. Esta resistencia es reconocida históricamente como la *Guerra de los Macabeos.* Y aunque muchos perecieron, finalmente obtuvieron la victoria siendo ayudados por Dios. Así, el templo fue liberado y dedicado alrededor del año 164 AC.

La Fiesta de la Dedicación

Después de obtener esta victoria, los judíos declararon otra celebración llamada, *Hanukkah* o *Fiesta de la Dedicación.* Dios no exigió esta celebración, pero una vez más, los judíos siguieron el principio de celebrar la liberación que Dios les había concedido. Y sabemos que el mismo Señor participó en una de estas celebraciones como dice la Palabra: "Y fue en Jerusalén la fiesta de la dedicación, y era invierno. Y Jesús caminó en el templo en el pórtico de Salomón " (Juan 10: 22-23).

Por lo tanto, el pueblo judío, incluyendo a nuestro Señor Jesucristo, celebraron los eventos que conmemoraban la liberación de Dios, aunque no estaban ordenados en las Escrituras. Así que, si usted ha estado pensando que la Navidad no es una fiesta que Dios ha ordenado, recuerde que fue Él Quien nos dio a Jesús. Por tanto, somos nosotros quienes debemos tomar la decisión de celebrar aquella maravillosa noche en que nació Jesús, esa primera cita de amor entre Dios y los humanos. *Dios hace el milagro, nosotros hacemos la fiesta.*

No Celebrar Crea Una Brecha Generacional

Las festividades eran tan importantes que una de las señales de que el pueblo se estaba alejando de Dios era que ellos comenzaban a abandonar sus celebraciones y ceremonias. Consecuentemente, una brecha generacional separaría a los niños del temor de

EL PROPOSITO DE LAS FESTIVIDADES

Dios. Esos niños crecerían sin conocer las maravillas que el Señor había hecho, porque sus padres no estaban celebrando esas maravillas. Pero cada vez que el pueblo se arrepentía nuevamente, las celebraciones regresaban a la nación.

Hoy en día, podemos ser testigos de cómo las festividades han regresado a la nación de Israel. A través de estas celebraciones, una nueva y poderosa generación de judíos está aprendiendo a amar y a agradecer a Dios por Su misericordia, y por haberlos devuelto a su tierra. Necesitamos hacer lo mismo para impactar a nuestros hijos con el amor de Dios.

Compartiendo la Historia Completa

Siendo que el propósito de las festividades es transmitir el amor de Dios a la nueva generación, es importante compartirles el mensaje completo del evento original. Para esto es necesario hablarles en lenguaje sencillo la verdad que libera (Juan 8:32). Esto incluye cualquier aspecto aparentemente negativo o drástico de la historia que nos puede ayudar a aumentar su amor y confianza en Dios.

Frecuentemente omitimos alguna parte de una historia bíblica por considerarla muy fuerte para nuestros niños.

Pero debemos recordar que el enemigo está lanzando toda clase de monstruos, violencias, y escenas indecentes contra nuestros hijos a diario a través de la televisión y otros dispositivos electrónicos. Esas escenas no ayudan a nuestros hijos a ser mejores individuos; por el contrario, esas escenas capturan su imaginación, dañan sus emociones y distorsionan su percepción de la realidad.

Por tanto, debemos imitar el modelo bíblico y las estrategias que tradicionalmente han usado los judíos para enseñar a sus hijos acerca de las maravillas del Señor. Por ejemplo, días antes a la *Fiesta de los Panes sin Levadura*, los padres judíos usan un juego con sus niños en que esconden algunos *panes leudados* en diferentes partes de la casa para que los niños los busquen.

EL PROPOSITO DE LAS FESTIVIDADES

Y cuando los encuentran, ellos los queman fuera de la casa. Esto es significativo ya que la levadura es símbolo de pecado. Así los niños judíos aprenden a su temprana edad que el pecado es malo y que debe ser sacado de nuestras vidas, así como los panes leudados son sacados de la casa y quemados antes de que empiece la Pascua.

Durante la Pascua también, los niños judíos escuchan acerca de las diez plagas y de cómo el ángel de la muerte *pasó por encina* de ellos sin hacerles daño mientras mataba a los primogénitos de los egipcios (Éxodo 12). Estos detalles, aunque no son tiernos, ayudan a la nueva generación a agradecer la liberación y la protección que el Señor tuvo con sus ancestros, y los motiva a apreciar más la libertad que ahora disfrutan.

De la misma manera, la perdida de los niños de Belem puede ayudarnos a explicarles la razón por la cual muchos niños todavía sufren en el mundo mientras el enemigo continúa persiguiendo a Jesús en cada criatura, como lo hizo Herodes. Esta referencia podría ayudarnos a reforzar la realidad de porqué necesitamos un Salvador. Y los podría ayudar a entender mejor las demás historias de la Biblia.

Recuerdo que de niña siempre escuché las enseñanzas bíblicas acerca del amor de Dios y de cómo Jesús había muerto en la cruz para salvarnos. Sin embargo, cuando también aprendí que hay un infierno, y, sobre todo, después de ver la película, *El Infierno Ardiente*, entendí más claramente de que me había librado el Señor. Y supe lo importante que era tener un salvador que me perdonara, me amara y me libra de ir a ese horrible lugar.

Un llamado a la Acción

Luego de contar la historia completa de la Navidad, podemos llamar a los niños a la acción invitándoles a orar para que Dios proteja a los niños que se encuentren en peligro en esos momentos. Y para que los libre también a ellos de todo mal y persona perversa. Este puede ser el comienzo de una generación de intercesores que está aprendiendo a

EL PROPOSITO DE LAS FESTIVIDADES

conocer y a amar a Dios y a cooperar con su plan de salvación.

Transmitiéndoles el Perdón de Dios

Ser perdonados es tan necesario como ser amados. Así es que, nuestros niños también deben entender que Dios realmente los perdona cuando ellos dicen de corazón, 'Padre perdóname" (1 Juan 1:9). Pero este concepto no solo se puede transmitir a través de nuestras festividades. El perdón de Dios lo transmitimos a nuestros niños en la manera en que *los instruimos, los disciplinamos, los perdonamos y también les pedimos perdón cuando fallamos.*

Hábleles de la Recompensa

Además, debemos implantar en nuestros niños la poderosa enseñanza de que Dios es *Premiador* de los que le buscan (Hebreos 11:6). Y que Él nos recompensará en esta vida y en la venidera (Marcos 10:30; Apocalipsis 2:7,17, 26, 3:12, 21; 2 Timoteo 2:12). Cuando observamos la historia de Israel, vemos que la razón principal por la cual este pueblo es tan perseverante y próspero es porque han aprendido a través de sus festividades que Dios premia al que le sirve, lo cual han comprobado repetidamente a través de su historia.

Y es que los judíos saben que su Padre es bueno y que **puede y quiere** ayudarlos. Tenemos el mismo Padre. Desarrollemos la misma actitud. Así, cuando celebramos con propósito lograremos que nuestros niños amen con todo su corazón a Quien los amó primero, los salvó y los premia. ¡Nadie puede competir con eso!

CAPITULO 6

COMO CELEBRAR LA NAVIDAD

Hemos visto que el propósito de las festividades judías es transmitir el mensaje de lo que Dios ha hecho a la próxima generación. También hemos enfatizado que los cristianos debemos hacer lo mismo con nuestras festividades y valores judeocristianos. En este capítulo estaremos hablando de los elementos principales de una celebración o conmemoración, y como utilizarlos para que tengan un mayor impacto en nuestros niños; particularmente durante nuestra celebración navideña.

Sabemos que cada celebración o conmemoración tiene algunos o todos, de los siguientes elementos: *comidas, decoraciones, música, lecturas, actividades, rituales, teatro* u *otras representaciones artísticas*. Cada uno de estos elementos juega un papel específico en nuestra memoria y en los recuerdos de nuestra niñez. Ahora veamos de qué manera estos elementos y símbolos ayudan a transmitir a nuestros hijos el mensaje de lo que Dios ha hecho por nosotros.

Comidas y Golosinas

En una celebración, la comida tradicional tiene el propósito de estimular nuestra memoria al tratar de implantar el sabor y la emoción del evento original. La comida es algo que involucra la mayoría de nuestros sentidos: estimula la vista, el olfato, el tacto y el gusto. Por ejemplo, podemos ver cómo se ven las *galletitas navideñas*, todos sus hermosos colores y formas. Podemos disfrutar de su dulce aroma, y sentir la textura arenosa de las decoraciones de azúcar sobre ellas. ¿Y qué del momento en que finalmente saboreamos esas galletitas?

En la Biblia encontramos que casi todas las festividades tenían alimentos. Por ejemplo, los judíos que fueron rescatados por Dios a través de la reina Ester y Mardoqueo celebraron la fiesta de *Purim* con alegría y banquete, y enviando porciones a sus vecinos y dádivas a los pobres (Ester 9:22). Y como los niños son el blanco de las celebraciones podemos imaginar que hubo muchas golosinas y dulces para los niños.

Por ejemplo, en la actualidad, los judíos celebran la fiesta de *Purim* con diferentes pastelerías y dulces para los niños. Unas de estas pastelerías es el *hamantaschen* que son unos pastelitos en forma triangulares rellenos de mermelada de frutas. Los niños judíos aprenden que estos pastelitos triangulares se parecen al sombrero o a las orejas del malvado *Amán*. De esta manera ellos están aprendiendo acerca de su historia mientras disfrutan estas delicias.

De la misma manera, debemos hacer nuestras comidas en Navidad para decir algo sobre el evento que celebramos. Así que, tome tiempo para leer la historia de la Navidad y buscar maneras de incorporar algunos elementos de ella en tu cena navideña. También podría describir el significado de los elementos que ya forman parte de la celebración navideña como los bastoncitos de caramelo en forma de **J**. Podemos aprovechar estos dulces para recordar a nuestros niños que la **J** es de **Jesús** y que Su nombre es dulce, más dulce que la miel.

También podríamos preparar *tacos al pastor* ya que el nombre de esta comida nos dará la oportunidad de compartir a los niños la historia de los pastores de Belén y su viaje para ver a Jesús. Y no hay que olvidar las galletitas dulces. Podemos darles formas y colores que nos ayuden a contar la historia de la primera Navidad incorporando los colores brillantes y suntuosos que generalmente asociamos con los trajes de los reyes magos.

El Impacto de la Música y las Canciones

La música y las canciones son una herramienta poderosa para transmitir un mensaje. Recuerde que cuando el Señor quiso transmitir un mensaje de advertencia al pueblo de Israel y a las generaciones venideras, ordenó a Moisés que escribiera una canción (Deuteronomio caps. 31, 32). De la misma manera, nuestras canciones de Navidad deberían ayudarnos a contar la historia de amor, salvación y esperanza que Dios envió aquella santa noche en Belén.

Pero hay muchas canciones que no transmiten el mensaje de la Navidad. Debemos enseñar a nuestros niños a distinguir entre las 'cancioncitas sin sentido' y las canciones que realmente celebran el nacimiento de nuestro Señor. Por tanto, durante la temporada navideña debemos tomar tiempo con nuestros hijos para disfrutar de canciones, dibujos animados o películas que les permitan recordar que nuestro Salvador nació para salvarlos. Esto nos ayudará a descontaminarlos del *sincretismo* o *mezcla de creencias religiosas* con que son bombardeados a diario a través de la televisión y las redes sociales.

El Valor de las Decoraciones

Otro elemento importante en una celebración es la decoración. En la Biblia hay una fiesta que muestra cómo las decoraciones nos pueden ayudar a transmitir a nuestros niños el mensaje de lo que Dios ha hecho. Se trata de la *Fiesta de los Tabernáculos*, donde el Señor mandó al pueblo de Israel los siguiente:

> a los quince días del mes séptimo, cuando hayáis recogido el fruto de la tierra, haréis fiesta a Jehová por siete días…Y tomaréis el primer día ramas con fruto de árbol hermoso, ramas de palmeras, ramas de árboles frondosos, y sauces de los arroyos…En tabernáculos

habitaréis siete días…para que sepan vuestros descendientes que en tabernáculos hice yo habitar a los hijos de Israel cuando los saqué de la tierra de Egipto (Levítico 23: 39-43).

Como podemos notar, los tabernáculos estaban hechos de ramas de palmeras, sauces y árboles frondosos; era una escena hermosa. En estas cabañitas los niños se sentirían trasportados a un ambiente diferente del que estaban acostumbrados a vivir todo el año. Ese cambio de escenario no solo los divertiría, sino que motivaría su aprendizaje.

Actualmente, las familias judías celebran la fiesta de los *Tabernáculos* cada año con hermosas y coloridas cabañitas. Mas aun, el hecho mismo de que la fiesta de los Tabernáculos será celebrada durante el *Milenio* (Zacarias 14:16) nos debe indicar la importancia que Dios le da a la celebración de las cosas que Él ha hecho por Su pueblo.

Árbol o No Árbol

Pero no podemos hablar de decoraciones navideñas sin mencionar el árbol de Navidad. En los últimos años, se ha levantado mucha controversia acerca de si los cristianos debieran poner un árbol de Navidad o no. Unos de los argumentos ha sido el supuesto origen *pagano* del árbol. Debemos comenzar considerando que, si fuéramos a dejar de lado todo aquello que tiene un origen pagano, tendríamos hasta que dejar de pronunciar los días de la semana debido a sus significados paganos.

Una Mirada a la Escena del Nacimiento

Además, si comenzamos a observar la escena de la *Natividad*, encontraremos a unos magos de origen pagano. Pero no hay que alarmarse; esos magos estaban allí por invitación especial enviada por Dios a través de una estrella. Notaremos también que cuando recibieron la invitación estaban observando las estrellas de acuerdo con una práctica que también era pagana. Pero tampoco tenemos que alarmarnos por ello, ya que fue Dios quien creó las estrellas y usó algo que les era familiar para guiarlos hacia Su Hijo.

COMO CELEBRAR LA NAVIDAD

Para entender mejor el mensaje de Dios en la Navidad, observemos de nuevo la escena de la Natividad; mire detenidamente ¿Quiénes faltan allí? Quienes faltan son los *principales sacerdotes y escribas* a quienes Dios no invitó. Él retrajo Su invitación de ellos porque, aunque eran la clase religiosa, y los que estaban en posesión de las Escrituras, no estaban interesados en adorar al Mesías.

Ellos despreciaron totalmente la noticia del nacimiento de Jesús que les llegó indirectamente a través de los magos. Por lo tanto, cuando nos acercamos a la celebración de la Navidad, no debemos venir con un corazón *religioso o una mente calculadora*. Necesitamos venir con un *corazón de adorador, y esto requiere humildad*. Tenemos que venir con entusiasmo como un niño, como lo hicieron los magos y los pastores.

Emocionémonos nuevamente por celebrar a Jesús. Y tengamos cuidado para que no perdamos el gran gozo que anunciaron los ángeles por el nacimiento del Salvador. *Recuerde que el Padre busca adoradores que le adoren en espíritu y en verdad.* Esto puede significar que *le adoremos con la mente, pero también con el corazón, con entendimiento, pero también con pasión.*

Y si todavía dudas sobre el árbol, considera la siguiente pregunta. ¿Alguna vez has dedicado tu árbol navideño para honrar al sol, la luna u otros ídolos paganos? Y si su respuesta es 'no,' entonces la siguiente pregunta sería: ¿Quién creó los árboles? Para entender mejor el punto que tratamos de expresar, analicemos la siguiente Escritura. Y aunque el tema en cuestión no era un árbol de Navidad, esta Escritura tiene un principio que también podríamos aplicar aquí. Leamos:

> Acerca, pues, de las viandas que se sacrifican a los ídolos, sabemos que un ídolo nada es en el mundo, y que no hay más que un Dios. Pues, aunque haya algunos que se llamen dioses…, para nosotros, sin embargo, sólo hay un Dios,

el Padre, del cual proceden todas las cosas, y nosotros somos para él; y un Señor, Jesucristo (1 Corintios 8: 4-6).

Como podemos ver, la Palabra afirma categóricamente que un **ídolo nada es en el mundo**. También afirma que **solo hay un Dios y Padre**, del cual proceden todas las cosas, **y un solo Señor, el cual es Jesucristo**. Por lo tanto, si alguien introdujo elementos paganos en la celebración de la Navidad, ¡ha hecho nada! Porque **un ídolo nada es en el mundo**. Nosotros estamos celebrando al verdadero Dios Quien creó los cielos y la tierra y todo cuanto existe.

Además, todo es nuestro "sea el mundo, sea la vida, sea la muerte, sea lo presente, sea lo por venir, todo es vuestro, y vosotros de Cristo, y Cristo de Dios" (1 Corintios 3:21-23), y 'todo' incluye también nuestro árbol de Navidad. Así es que, todo lo que los cristianos hacemos, sea de palabras o de hechos lo hacemos para el Señor. Por tanto, el argumento "pagano" debería ser descartado de nuestras mentes y de nuestra celebración navideña de acuerdo con lo que hemos leído.

El Intercambio del Pesebre

Hay otro argumento acerca del árbol que hace que muchos hasta se sientan culpables por las bendiciones que Dios les ha dado. Y es que hay quienes dicen que el árbol de Navidad es muy *lujoso* comparado con el *humilde* pesebre donde nació Jesús. Sin embargo, ellos ignoran que de eso es precisamente de lo que trata la Navidad. Porque, en Navidad también celebramos que *nuestro Señor Jesucristo, por amor a vosotros se hizo pobre, siendo rico, para que vosotros con su pobreza fuésemos enriquecidos* (2 Corintios 8:9).

Y es que no debemos olvidar que en el pesebre y en la cruz ocurrió un *intercambio que nos favoreció. En la cruz* Cristo tomó nuestros pecados y nos dios Su justicia, llevó nuestras enfermedades y nos dio Su salud, tomó sobre Sí nuestro castigo y nos dio vida eterna, y en el pesebre, tomó nuestra pobreza y nos dio Su riqueza. ¡Aleluya! ¡Esto nos recuerda porque el nacimiento de Jesús es una *noticia de gran gozo para todo el pueblo!*

Así es que, el *opulento* árbol no es una contradicción al mensaje de la Navidad; es más bien el cumplimiento del propósito por el cual Jesús vino. Por tanto, cuando pongas un pesebre cerca del hermoso árbol, regocíjate, dale gracias a Dios y recuérdales a tus niños que Jesús nació en ese humilde lugar para que ellos puedan tener el hermoso árbol y las bendiciones que ahora disfrutan. Esa lección la podemos contar mejor con *el reluciente árbol de Navidad y con el humilde pesebre de Belem.* Nuestros niños verán el *contraste* y apreciaran el *intercambio* que Jesús hizo con ellos.

Dale Significado a Su Árbol

Así es que, mientras tratamos de recuperar o reavivar nuestra celebración navideña, debemos también conectar algunos adornos del árbol al evento original y explicarlo a nuestros niños. Por ejemplo, la estrella en la cima del árbol nos recuerda la estrella que guio a los magos hasta Jesús. El ángel en la cima del árbol nos recuerda al ángel que trajo la noticia del nacimiento de Jesús a los pastores. Asimismo, las luces intermitentes pueden recordarnos el resplandor producido por la aparición del ángel en el claro cielo sobre las montañas de Belén.

Y como sabemos que hubo una multitud de las huestes celestiales acompañando aquel ángel, podemos colocar ángeles por todas partes. Tu decoración puede ser muy rica. Tus niños estarán deleitados; sobre todo, cuando los invitas a participar en la preparación de estas decoraciones.

En resumen, debemos incorporar los elementos de la primera Navidad a nuestras decoraciones para recordar el mensaje original a nuestros niños: *Un pesebre, una estrella, ángeles, pastores, camellos, los reyes magos. Figurines de José, María y el Niño Jesús* (preferiblemente hechos en casa). Quizás podríamos envolver algunos regalos y etiquetarlos: *incienso, oro y mirra* para recordar los regalos que los reyes trajeron a Jesús, y explicar su significado a nuestros hijos. (Ver el capítulo 3 para una descripción de estos regalos).

Decore con Propósito

Tu decoración debe provocar interés en tus niños. Recuerda que el Señor dijo que tus niños preguntarán (Josué 4:6). Y cuando ellos pregunten, cuéntales la historia y explícales lo que significa para ellos. Esa es la idea de tener decoraciones en nuestras celebraciones.

Lea la Historia de la Navidad

Sobre todo, debemos leer a nuestros niños la historia de la Navidad o de la festividad que estamos celebrando. No te canses de leer la misma historia cada año. Los judíos no se cansan de repetir la historia de su liberación cada año porque entiende que es su deber proclamarla a todo el mundo. Debemos hacer lo mismo.

Así que, haz de tu lectura un momento esperado y muy especial para tu familia. Haz pausas durante la lectura para explicar ciertas palabras. Si es posible, usa algún 'sonidito' cuando estes leyendo la aparición del ángel a los pastores, o para imitar el bramido de las ovejas pastando en los campos de Belem, o cualquier otra parte de la historia para captar la atención de los niños y transportarlos a aquella maravillosa noche.

No Dejes de Celebrar

Además, debemos hacer todo lo posible por celebrar a pesar de cualquier circunstancia presente, sea financiera, emocional o de salud. Muchos judíos continuaron celebrando sus festividades mientras tuvieron oportunidad, aun bajo la persecución nazi. Y después del *Holocausto,* no han dejado de celebrar hasta hoy.

Y es que no celebramos para nosotros mismos, sino para honrar a Dios, para instruir e inspirar a nuestros niños y para crearles memorias de alegría que los acompañaran toda su vida. De manera que, haz tu celebración significativa, aunque sea pequeña y sencilla. No se necesita de mucho para transmitir el amor de Dios a nuestros hijos y para crearles bellos recuerdos. Tal fue el caso de mi niñez, no había riquezas en nuestra casa; sin embargo, una simple instalación de *luces intermitentes* alrededor de un cuatro o de una planta, creaba un ambiente tan hermoso que aún lo recuerdo con emoción.

Además, debemos *estar alegres* en nuestras festividades, ya que este es un mandamiento del Señor: "te alegrarás en tus fiestas solemnes, tú, tu hijo, tu hija" (Deuteronomio 16:14); así que, en cierto sentido, *estar alegres es una decisión*. Y el gozo del Señor es nuestra fortaleza (Nehemías 8:10b). Los judíos han permanecido firmes en celebrar con alegría y tal vez por eso están entre las gentes más felices del mundo.

Tanto es así, que cualquier que ve a los judíos celebrar, si no sabe su historia, nunca imaginaría los horrores que han vivido. Y es que cuando celebramos a pesar de las circunstancias estamos declarando que Dios es nuestro Padre, que es el Centro de nuestras vidas y que Lo amamos por encima de todas las cosas. Esta actitud trae descanso, propósito y consuelo al corazón quebrantado.

Los Regalos

Una de las tradiciones navideñas más emocionantes es la de dar y recibir regalos; especialmente para los niños. Sin embargo, es muy importante que relacionemos esta tradición con lo que sucedió en la primera Navidad. Recuerde que las actividades de las fiestas de los israelitas fueron diseñadas específicamente para proporcionar algo tangible a los niños que les permitiera conectarse emocionalmente con el evento original.

Por ejemplo, en la fiesta de los Tabernáculos, los niños no solo escucharían la historia acerca de cómo habían vivido sus padres en el desierto, sino que tendrían la oportunidad de experimentarlo por sí mismos durante los siete días en que vivirían en aquellas cabañitas. Esto es muy significativo. Por lo tanto, las actividades permiten transmitir la sensación del evento original que celebramos.

Como usted sabrá, hay dos razones por las cuales compartimos regalos en Navidad: primero,

COMO CELEBRAR LA NAVIDAD

Dios nos dio el Regalo más maravilloso que un ser humano puede recibir, Su Hijo Jesucristo. Segundo, los reyes magos trajeron regalos a Jesús. Cuando nuestros hijos reciben un regalo ellos sienten mucha alegría. Así, podemos usar esa emoción para conectarlos con la alegría que el Regalo de Dios trajo a María, a José, a los pastores, a los magos y a todos los que lo recibimos.

Sea Jesús el Centro de Su Atención

Pero antes de que podamos ser efectivos en transmitir la alegría del Regalo de Dios a nuestros niños, hay una práctica que debemos analizar. Necesitamos revisar cualquier cosa que intenta tomar el lugar de Jesús en las vidas de nuestros niños. Tristemente, muchos aún están diciendo a sus niños que *Santa Claus o papa Noel sabe si se han portado bien o mal*. Pero quizás les hemos dicho que Dios también los ve. Sin embargo, ellos creen que es *santa* quien les trae sus regalos; y naturalmente querrán complacerlo a él.

Debemos tener mucho cuidado porque al decirles a nuestros niños que alguien tiene capacidad *omnisciente* para saber lo que hacen, y también muchos *regalos* para premiarlos, podríamos estarles levantando un ídolo en su imaginación, aunque sea sin querer. Y es que todos sus pensamientos y emociones se centrarán en ese personaje. Mi amado lector, creo que es tiempo de que hagamos cambios. Puede que esto requiera de un poco de tiempo y práctica, pero será de mucha bendición para nuestros pequeños.

Y ni siquiera es necesario decirles: "ya no creemos en santa". Simplemente, necesitamos hacer que ellos se emocionen tanto por Jesús y Su historia de amor que pierdan interés por lo que no es verdadero. Así que, empiece por hablar menos de santa y más de Jesús.

De la misma manera, enfatíceles que es Dios Quien les ha bendecido para poder darles sus regalos. Al hacerlo, lograremos que el corazón de nuestros hijos se apegue a Dios, porque el corazón de los niños se apega a la persona que les da. Así pondrán sus pensamientos y expectativas en Dios y darán las gracias y la gloria a Quien realmente la merece. Esta será una verdadera fiesta para Jesús.

Los Reyes Magos

Ahora veamos cómo podríamos aprovechar mejor la actividad de los regalos. ¿Qué le parece si algunos de los varones de la familia se vistieran de reyes magos? Los reyes podrían presentar los regalos a los niños, llamándolos por sus nombres y mencionando algo hermoso que hayan hecho durante el año. Los niños estarán agradablemente sorprendidos de saber que Dios y sus padres los están recompensado por lo bueno que han hecho.

Los adultos también podrían contar la historia desde el punto de vista de los reyes o los pastores y el emocionante viaje que emprendieron para ver al Nino Dios. Esta actividad podría brindar la oportunidad para que otros miembros de la familia se vistieran como algunos de los demás participantes de la primera Navidad; así, todos podrían participar. Usando de un poco de imaginación y con la ayuda del

Espíritu Santo encontraremos muchas maneras de cómo hacer una celebración más bíblica, emocionante y espiritualmente valiosa para nuestros hijos.

CONCLUSION

En Navidad celebramos que el Verbo se hizo carne y habitó entre nosotros para salvarnos. Y mientras planeamos la celebración de este evento, debemos estar resueltos a transmitir el amor de Dios a nuestros niños con cada detalle de nuestra celebración. También debemos resistir el espíritu del anticristo que se opone a que celebremos la Navidad. Por tanto, celebremos a Jesús con un corazón humilde y adorador y emocionados como niños. Porque el milagro lo hizo Dios, la fiesta la hacemos nosotros.

¡FELIZ NAVIDAD!

ACERCA DE LA AUTORA

Keila M. De La Rosa, es esposa, madre y pastora quien reside en lo US junto a su esposo y sus dos hijos. Es presidenta de Mujeres de Gracia de América y decana de FEDGLOMI University, Hialeah, FL. Tiene un Doctorado en Ministerial Divinity de Revelation University, Miami FL. Es egresada de Liberty University, Lynchburg, VA, con un título en educación y otro en Psicología y consejería cristiana. Es autora de varios libros incluyendo: *Arrancando la Depresión, El Ayuno: Propósito y Recompensa.*

Para más información
Escriba a: wedglomi@gmail.com
O visite: www.thegraceembassy.com

BIBLIOGRAFÍA

1. **De La Rosa, Keila M.** *Arrancando la depresion.* Buford : Faith Publishers, 2018. 13: 9781718646605.

2. **Josefo.** *Antiquedades de los judios, XV 3.3, 7.4-9.*

3. —. *Guerra de los Judios, I. 6.2, 8.9, 14.4, 22.2-5, 27.6.*

Made in the USA
Middletown, DE
19 November 2022

15515519R00064